Día de Acción de Gracias

Aaron Carr and Katie Gillespie

www.av2books.com

El enriquecido libro electrónico AV² te ofrece una experiencia bilingüe completa entre el inglés y el español para aprender el vocabulario de los dos idiomas.

This AV² media enhanced book gives you a fully bilingual experience between English and Spanish to learn the vocabulary of both languages.

Spanish

English

Navegación bilingüe AV²
AV² Bilingual Navigation

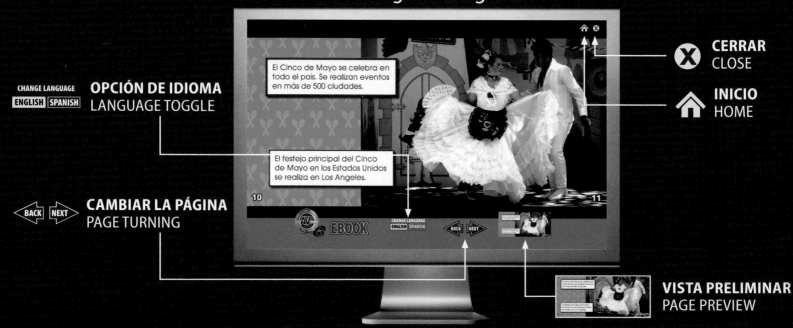

CHANGE LANGUAGE
ENGLISH SPANISH

OPCIÓN DE IDIOMA
LANGUAGE TOGGLE

CAMBIAR LA PÁGINA
PAGE TURNING

CERRAR
CLOSE

INICIO
HOME

VISTA PRELIMINAR
PAGE PREVIEW

Celebremos las fechas patrias

Día de Acción de Gracias

ÍNDICE

El Día de Acción de Gracias se celebra el cuarto jueves de noviembre. Es un día para agradecer.

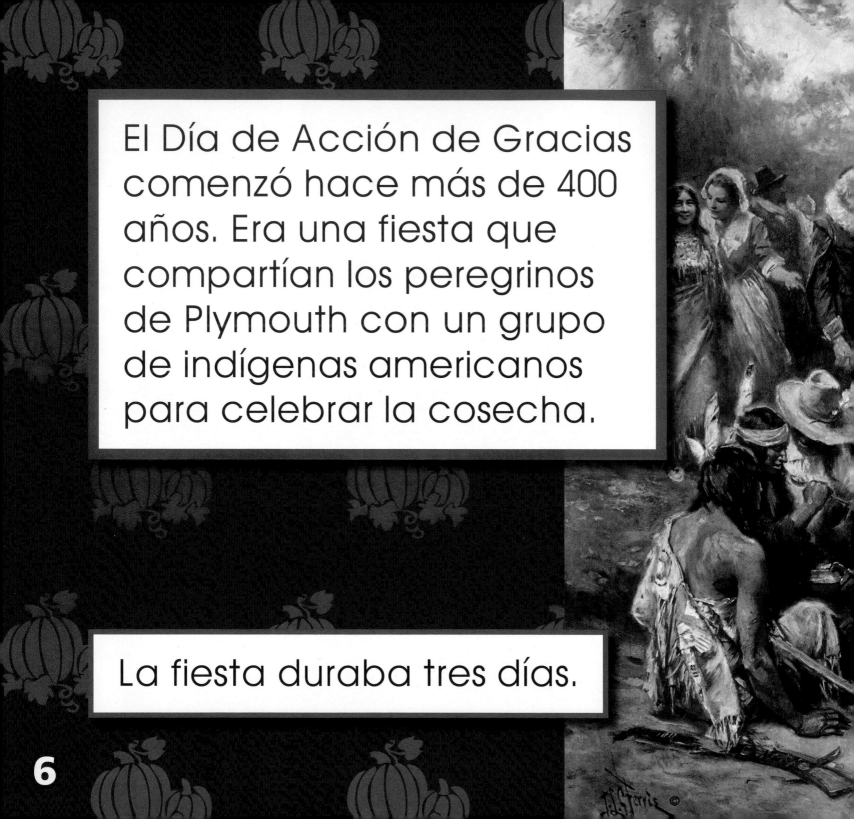

El Día de Acción de Gracias comenzó hace más de 400 años. Era una fiesta que compartían los peregrinos de Plymouth con un grupo de indígenas americanos para celebrar la cosecha.

La fiesta duraba tres días.

Se han construido muchas estatuas en honor a los peregrinos. El Monumento al Peregrino de Plymouth mide 81 pies (25 metros) de alto.

En todo el país se realizan eventos especiales. En muchos pueblos, se realizan desfiles por las calles.

Todos los años, más de 50 millones de personas miran el Desfile del Día de Acción de Gracias de Macy´s.

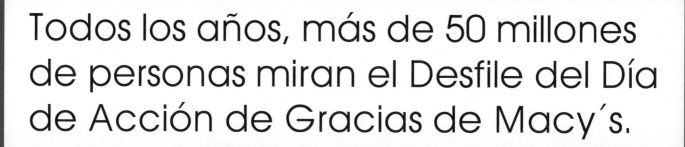

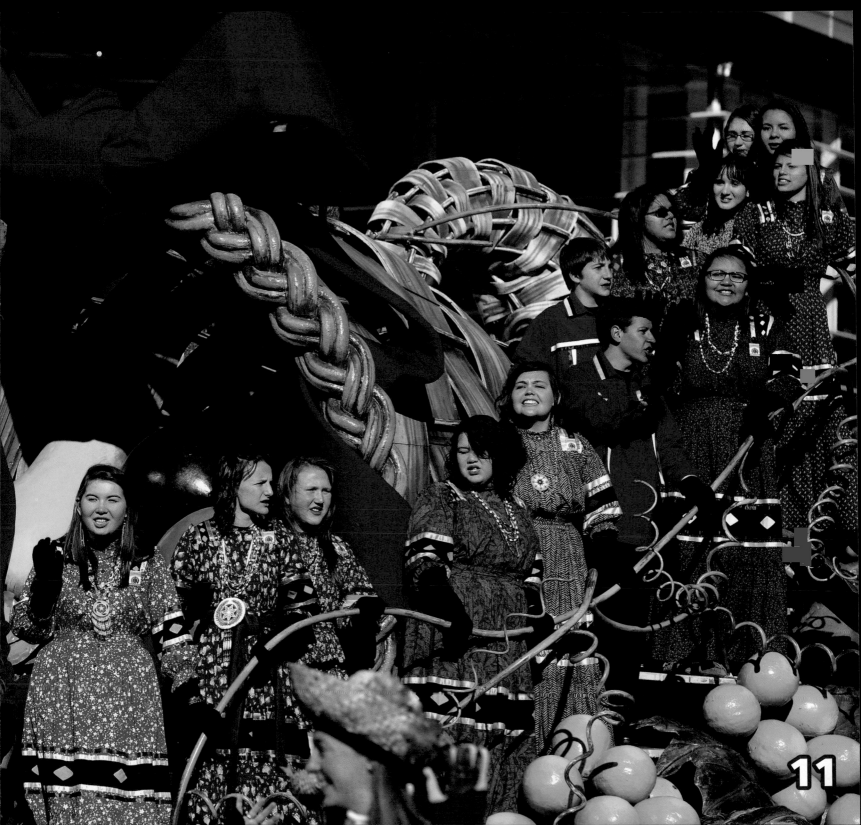

11

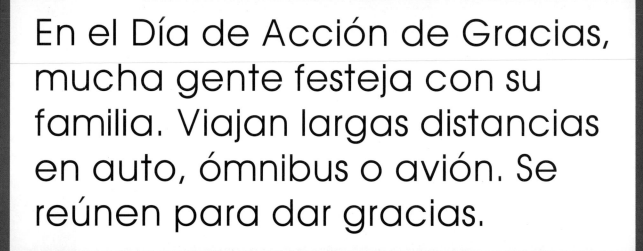

En el Día de Acción de Gracias, mucha gente festeja con su familia. Viajan largas distancias en auto, ómnibus o avión. Se reúnen para dar gracias.

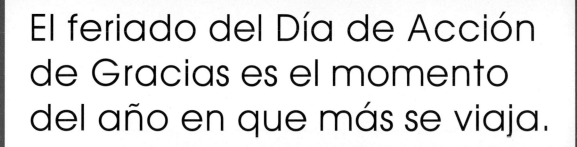

El feriado del Día de Acción de Gracias es el momento del año en que más se viaja.

El Día de Acción de Gracias sigue siendo un día festivo en la actualidad. La gente come sus comidas favoritas. La principal comida tradicional es el pavo.

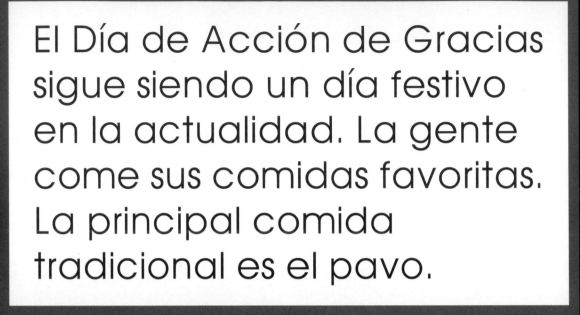

Es tradición romper el hueso de los deseos del pavo después de comer.

El Día de Acción de Gracias se festeja de diferentes maneras. Algunas familias hacen juegos o manualidades. Otras salen a pasear o miran fútbol por televisión.

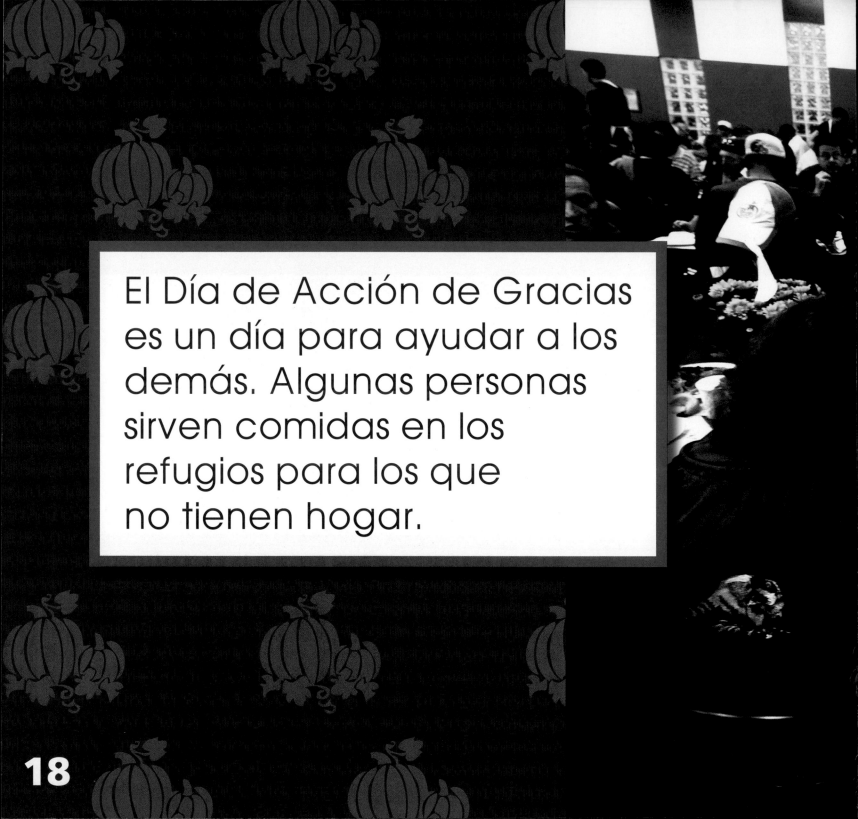

El Día de Acción de Gracias es un día para ayudar a los demás. Algunas personas sirven comidas en los refugios para los que no tienen hogar.

Todos los años, el Presidente de los Estados Unidos le perdona la vida a un pavo. Ese pavo va a vivir a una granja por el resto de su vida.

El Presidente Lincoln declaró al Día de Acción de Gracias como día festivo en 1863.

DATOS SOBRE EL DÍA DE ACCIÓN DE GRACIAS

Estas páginas contienen más detalles sobre los interesantes datos de este libro. Están dirigidas a los adultos, como soporte, para que ayuden a los jóvenes lectores a redondear sus conocimientos sobre cada celebración presentada en la serie *Celebremos las fechas patrias*.

Páginas 4–5

El Día de Acción de Gracias se celebra el cuarto jueves de noviembre. El 3 de octubre de 1863, el Presidente Abraham Lincoln declaró oficialmente el día nacional de acción de gracias. En el Día de Acción de Gracias se celebra la cosecha y se agradece. Se dan gracias por la comida que se cosecha en el otoño y que alimenta a la gente durante el año.

Páginas 6–7

El Día de Acción de Gracias comenzó hace más de 400 años. En 1620, los peregrinos llegaron al Nuevo Mundo con poca comida. Los indios Wampanoag ayudaron a los peregrinos enseñándoles a cultivar y cazar. Para el otoño siguiente, los peregrinos tenían abundante comida y muchas casas. Para celebrarlo, hacían una fiesta de la cosecha junto a los Wampanoag.

Páginas 8–9

Se han construido muchas estatuas en honor a los peregrinos. Se han construido varios monumentos y atracciones históricas para rendir homenaje a los peregrinos y continuar con su legado. El Monumento Nacional a los Antepasados, también conocido como el Monumento a los Peregrinos, se construyó en 1899 sobre una colina detrás de la ciudad de Plymouth, Massachusetts. Entre otras atracciones, está el Museo Pilgrim Hall y la casa Harlow Old Fort House.

Páginas 10–11

En todo el país se realizan eventos especiales. En la ciudad de Nueva York, el Desfile del Día de Acción de Gracias de Macy's se realiza desde 1924. La gente mira el icónico desfile en vivo, en las calles y en casa, por televisión. En el desfile participan bandas militares, coloridas carrozas y grandes globos de helio.

En el Día de Acción de Gracias, mucha gente festeja con su familia. En la actualidad, para la gente, el Día de Acción de Gracias es un día para reunirse con los seres queridos. Viajan cientos de millas (kilómetros) para pasar el feriado con sus familiares y amigos. Para algunos, es tradición sentarse a la mesa y decir, uno por uno, por qué da gracias.

El Día de Acción de Gracias sigue siendo un día festivo en la actualidad. Mucha gente cree que la primera vez que se celebró el Día de Acción de Gracias, comieron pavo. Otros creen que comieron pato o ganso. Hoy, casi el 88 por ciento de los estadounidenses come pavo en el Día de Acción de Gracias. Algunas familias prefieren comer un pavo vegetariano hecho con tofu. Algunos otros platos tradicionales son embutidos, puré de papas, caldo de carne y salsa de arándano.

El Día de Acción de Gracias se festeja de diferentes maneras. Después de comer, las familias suelen realizar diferentes actividades especiales. Los niños juegan a las cartas o juegos de mesa, o hacen manualidades como pavos de cartulina. Salir a pasear, ver películas, partidos de fútbol o desfiles por televisión, son otras de las tradiciones populares. Lo más importante es pasar el tiempo con la familia.

El Día de Acción de Gracias es un día para ayudar a los demás. Muchos eligen ofrecerse como voluntarios en los refugios para las personas sin hogar. Ayudan a cocinar y servir la comida del Día de Acción de Gracias a los menos afortunados. Otros participan donando ropa o alimentos enlatados a organizaciones que ayudan a los necesitados.

Todos los años, el Presidente de los Estados Unidos le perdona la vida a un pavo. Algunos creen que fue el Presidente Harry S. Truman quien comenzó con esta tradición, pero se pudo haber originado incluso antes, con el Presidente Abraham Lincoln, en 1865. Todos los años, el presidente recibe un pavo vivo de regalo. El pavo es indultado durante una ceremonia oficial en la Casa Blanca. Al Pavo Nacional de Acción de Gracias se le permite pasar el resto de su vida en una granja.

¡Visita www.av2books.com para disfrutar de tu libro interactivo de inglés y español!

Check out www.av2books.com for your interactive English and Spanish ebook!

1 **Entra en www.av2books.com**
Go to www.av2books.com

2 **Ingresa tu código**
Enter book code

B 2 4 3 5 7 7

3 **¡Alimenta tu imaginación en línea!**
Fuel your imagination online!

www.av2books.com

Published by AV² by Weigl
350 5th Avenue, 59th Floor New York, NY 10118
Website: www.av2books.com   www.weigl.com

Library of Congress Control Number: 2014949693

ISBN 978-1-4896-2667-7 (hardcover)
ISBN 978-1-4896-2668-4 (single-user eBook)
ISBN 978-1-4896-2669-1 (multi-user eBook)

Printed in the United States of America in North Mankato, Minnesota
1 2 3 4 5 6 7 8 9 0 18 17 16 15 14

112014
WEP020914

Project Coordinator: Jared Siemens
Spanish Editor: Translation Cloud LLC
Design and Layout: Ana María Vidal

Weigl acknowledges Getty Images as the primary image supplier for this title.